Saint Patrick's Georgetown
The Legacy

Leigh Michaels
Michael W. Lemberger

PBL Limited
Ottumwa, Iowa

Saint Patrick's Georgetown: The Legacy

Copyright 2010 by Leigh Michaels & Michael W. Lemberger

Cover and design copyright 2010 by Michael W. Lemberger

This edition published 2010

10 9 8 7 6 5 4 3 2 1

ISBN   1-892689-86-3

ISBN 13:   978-1-892689-86-3

All photographs in this book are copyright 2010 by Michael W. Lemberger. All rights reserved.

This is a companion book to *Saint Patrick's Georgetown,* published in 2007.

Printed in the United States of America

All rights reserved. Except for brief passages quoted in any review, the reproduction or utilization of this work in whole or in part, in any form or by any electronic, mechanical, or other means, now known or hereinafter invented, including xerography, photocopying and recording, or in any information storage and retrieval system, is forbidden without the express permission of the publisher. For permission contact:
    Rights Editor
    PBL Limited
    P.O. Box 935
    Ottumwa IA 52501-0935
    pbl@pbllimited.com

Copies of this book are available from PBL Limited. Contact us at P.O. Box 935, Ottumwa, Iowa 52501-0935, or visit our website at www.pbllimited.com for more information.

St. Patrick's Georgetown, from St. Patrick's Cemetery

Saint Patrick's Georgetown

Photo by Michael W. Lemberger

The Legacy

St. Patrick's Georgetown Timeline

1848 -- Fr. Jean Baptiste Villars traveled from Keokuk to offer Roman Catholic services in private homes near Staceyville (near the present-day site of Georgetown).

1853 -- Fr. John Kreckel assigned to southeast Iowa. He visited Staceyville once a month on horseback to offer Mass.

1855 -- St. Gregory's Church erected about a mile east of the village of Staceyville. Built of logs, the church measured 30 feet by 18 feet by 9 feet.

1860 -- As the parish outgrew the log church, work began on a larger church to be built near the village of Staceyville, constructed of sandstone quarried nearby by the men of the parish.

The new church was to measure 100 feet by 60 feet, with side walls 50 feet tall and gable ends reaching to 62 feet.

A new cemetery was established directly south of the church, and bodies which had been buried in the original cemetery about one mile east were moved to the new cemetery.

1861-1865 -- the Civil War interrupted construction with the walls standing about eight feet high.

1864 -- The cornerstone was laid with Bishop Clement Smyth of Dubuque conducting services.

1867 -- Work resumed on the church.

Saint Patrick's Georgetown

The Legacy

1868 -- Lightning struck the church, knocking down a wall and killing 100 sheep which had taken shelter against the building.

1872 -- The stone church was renamed St. Patrick's.

1882 -- The first St. Patrick's School was organized and taught by the Sisters of Humility from Ottumwa. It operated for just a few years.

1899 -- A bequest from James McFadden provided money for a bell and bell tower, completed in late 1899.

1900 -- Stained glass windows were installed in the church.

About 1900 -- An organ was purchased for $150 (it remains in the church today).

About 1900 -- Renovation of the church included a new metal ceiling, sloping floors, heating system, pews, altars and statues.

After 1900 -- the village of Staceyville was renamed Georgetown.

1912 -- A building program added a school building, convent, rectory, auditorium, and church store to the church site.

1916 -- Four students was honored as the first graduating class of the Georgetown school.

1927 -- St. Patrick's Georgetown school was fully accredited as a 12-grade school.

1940s -- An annual bazaar helped to fund the church and school activities and provided fun for families.

1959 -- St. Patrick's Georgetown school closed.

Saint Patrick's Georgetown

The Legacy

1959 -- The first parish dinner and auction was held to help pay expenses of renovating the church. Later known as God's Portion Day, it continues to the present, held each year on Labor Day weekend.

1960s -- Another remodeling resulted in lowered ceilings and construction of new interior walls (to cut heating costs), the alteration of the organ loft with removal of some organ pipes, and moving the altar into the main body of the church to create room for a kitchen and meeting rooms at the north end of the church. Side entrances were closed and materials from the convent chapel incorporated into the church.

June 28, 1963 and June 28, 1969 -- Tornadoes struck the church, tearing off part of the roof.

1980s-1990s -- A talent show added a theme to the annual God's Portion Day.

1985 -- St. Patrick's Georgetown observed its 125 years with a Mass celebrated by the Most Rev. Gerald O'Keefe, bishop of Davenport.

1985 -- A painting and cleaning program refreshed the entire church with new paint and carpet. The organ was restored.

1992 -- St. Patrick's Georgetown was added to the National Register of Historic Places.

1994 -- St. Patrick's Georgetown was re-roofed and the stained-glass windows restored.

2006 -- A new parish hall was constructed.

2010 -- St. Patrick's Georgetown celebrates 150 years.

Saint Patrick's Georgetown

The Legacy

St. Patrick's Cemetery, Georgetown
Section 29, Guilford Township
Monroe County Iowa

Since the first burials in St. Patrick's Cemetery in the early 1860s, hundreds of people are believed to have buried in the cemetery across the road from the stone church. Graves and stones were also moved to St. Patrick's Cemetery from an earlier cemetery near the log church known as St. Gregory's (the forerunner of St. Patrick's).

This alphabetical listing of known burials and markers has been assembled from the best available resources, including surveys of cemetery stones, newspaper files, and family records.

Records are not always clear or complete. Spellings vary. Dates and ages on stones sometimes weather away, and they are prone to transcription errors as they are recorded. Confusion may arise when family names recur through several generations, or when a burial is reported in several independent sources.

Some burials are believed to have been unrecorded; some graves are unmarked; some stones have been lost; some stones may have been placed and recorded but no corresponding burial made.

Though every effort has been made to assemble accurate information, this record is known to be incomplete. Corrections and additions may be found at the publisher's website and will be included in future editions.

Saint Patrick's Georgetown

Photo by Michael W. Lemberger

~A~

ADAMS, Bill, [metal funeral home marker], no dates.

ANDERSON, Jordon, b. 1833 d. 1930.

The Legacy

BAGLEY, Margaret C., wife of William., b. May 16, 1895 d. Sept. 3, 1984.
BAGLEY, William F., b. 1899 d 1992.

BALSHER, Randy, b. 1944, d. 2002.
BALSHER, Nancy.

BARRY, Ellen, wife of John, b. Co. Limerick, Ireland, d. Aug. 14, 1876,
    aged 35y.
BARRY, James H., b. 1872 d. 1944.
BARRY, James, died Nov. 6, 1905, aged 77y. 10m. 25d.
BARRY, John W., son of John & Ellen, d. Chicago, Feb. 24, 1881,
    aged 11y. 11m.16d.
BARRY, Mary, April 2, 1909.

BATES, Margaret, b. Nov. 4, 1902, d. 1993.
BATES, Maurice, b. Jan. 4, 1904, d. June 25, 1973, Capt. U.S. Navy WW II.

BAUX, Marge, b. 1934.

BESCO, George F., b. 1908, d. 1976.
BESCO, Margaret A., dau. of Geo. & Johanna Feehan Stone, b. June 7,
    1917, d. Aug. 31, 1985, m. Geo. Besco Nov. 20, 1939.

BEST, Eliza, wife of Cameron Griffin, d. Oct. 31, 1874 aged 36y.

BOLAND, Rosanna, wife of T. Boland, d. Oct. 26, 1870 aged 38y.
BOLAND, Rosanna, dau. of T. & R., d. July 27, 1870 aged 8y.

Saint Patrick's Georgetown

BOLAND, Thomas

BOOHAN, William, d. Sept. 1877 aged 49y.
BOOHAN, Garrett, died Feb. 1885 47y.

BORMAN, Nora Marriea, b. Jan. 17, 1903
    d. Sept. 10, 1904.

BOTTOMLEY, Mary, wife of John, b. 1820
    Co. Galway, Ireland, d. Nov. 28, 1900,
    aged 80y.

BOWHEN, Mary, b. Co. Cork, Ireland d. Sep. 28, 1891 aged 74y.

BRADLEY, Ellenor, dau. of R. B. & E. A., d. Sept. 25, 1863 aged
    2y. 11m. 10d.
BRADLEY, Elizabeth, wife of Dr. Robert, d. June 12, 1891, aged
    57y. 3m. 9d.
BRADLEY, Dr. R., d. Aug. 5, 1862 aged 34y. 2m. 18d.
BRADLEY, infant, died Aug. 4, 1862.

BRENNAN, Daniel, b. 1873 d. 1948.
BRENNAN, Edward, b. 1867 d. 1941.
BRENNAN, Ellen, wife of John, b. Dec. 20, 1829 Co. Kerry, Ireland,
    d. May 27, 1921.
BRENNAN, James, b. March 13, 1859 near Bentonsport, Van
    Buren Co., Iowa, d. March 21, 1884.
BRENNAN, John, b. June 5, 1828 Co. Kerry, Ireland. d. March 5, 1902.
BRENNAN, Mary J., b. 1869 d. 1953.

BROPHY, Elizabeth Ann, dau. of P. & M., d. Sept. 1874, aged 9y. 4m.
BROPHY, James, d. May 18, 1862, aged 15y.
BROPHY, Patrick, d. May 18, 1867, aged 86y.
BROPHY, Patrick, d. Oct. 30, 1873, aged 35y.

BROTHERS, Catherine, wife of James, b. 1883, d. 1918

The Legacy

BROTHERS, Catherine, wife of William, b. Queens Co., Ireland.
    d. Sept. 2, 1904, aged 82y.
BROTHERS, James, b. 1856, d. 1931.
BROTHERS, James A., b. 1899 d. 1953.
BROTHERS, William, b. Co. Tipperary, Ireland. d. May 12, 1906, aged 86y.

BROWN, Mary, b. July 4, 1849 d. March 2, 1889.

BURNS, Bridget M., b. Nov. 6, 1864, d. March 5, 1921.
BURNS, Catharine, wife of Thomas, b. June 24, 1848 town of Taum, Co.
    Galway, Ireland. d. March 8, 1912.
BURNS, James, b. 1795 Co. Galway, Ireland. d. March 1, 1891.
BURNS, Mary, wife of James, b. 1815 Co. Galway, Ireland. d. Nov. 22, 1894.
BURNS, Michael F., son of P. & J., b. Nov. 21, 1870 Jersey City, N. J.
    d. Aug.11, 1895 aged 24y. 8m. 20d.
BURNS, Thomas, b. Dec. 27, 1834 Parish of New Castle, Co. Galway,
    Ireland. d. May 14, 1912.

~C~

CAMPBELL, Daniel, d. Feb. 11, 1894, 48y. 9m. 29d.
CAMPBELL, Francis E., b. 1897, d. 1919.

CARLO, Everett F., b. 1918, d. 1993.
CARLO, Margaret, b. 1915, d. 1984.

CARMAN, Margaret (Sullivan), wife of Thomas Carman, d. May 7, 1882, aged 43y. 7m.
CARMAN, Mary, dau. of T. & M. Carman, d. Oct. 11, 1885 Albia, Iowa aged 19y. 8m.

CARMODY, Ann, wife of Matthew, d. Aug. 3, 1875.
CARMODY, Francis A., b. May 5, 1863, d. March 20, 1936.
CARMODY, Matthew, d. Feb. 27, 1907.
CARMODY, Stephen, d. July 31, 1875.

CARR, Catherine, native of N. Y. d. March 1, 1883, aged 53y.
CARR, Cecilia M., wife of James P., b. 1905, d. 1988.
CARR, Charles, husband of Nancy, d. May 23, 1877, aged 58y. 4m.
CARR, James P., b. Oct. 28, 1905, d. Feb. 3, 1966, IA PFC 1805 Comd. Unit WWII.
CARR, Jimmy, Jr., b. May 10, 1975 d. April 2008.
CARR, John, son of C. & N., d. Sept. 21, 1873, aged 20y. 18d.
CARR, John, son of James & Mary, d. Nov. 21, 1870, aged 16y. 2m. 6d.
CARR, Lizzie, native of Ireland d. Feb. 28, 1901, aged 78y.
CARR, Mary, b. 1837, d. 1917.

Saint Patrick's Georgetown

CARR, Michael, son of S. & M., b. 1870, d. December, 1919.
CARR, Stephen, b. 1840, d. 1915.
CARR, Susan, dau. of M. & N., d. Dec. 16, 1869, aged 2y. 3m.

CASEY, William, b. Co. Limerick, Ireland, d. Sept. 27, 1879, aged 48y. 3m. 27d.
CASEY, William J., b. 1883, d. 1970.

CAVANAUGH, John, b. Co. Wexford, Ireland, d. Sept. 8, 1897, aged 90y.
CAVANAUGH, Mary, wife of John, b. Co. Wexford, Ireland, d. ?, aged 60y.

COADY, Annie, "Mother", wife of Pierce, b. Dec. 25, 1837, d. Oct. 28, 1917.
COADY, Catherine, wife of Edward, b. 1828 Dublin, Ireland, d. Nov. 2, 1888, aged 60y.
COADY, Edward, b. 1815 Co. Wexford, Ireland, d. April 16, 1899, aged 84y.
COADY, Edward, b. Jan. 12, 1872, d. Aug. 12, 1872.
COADY, Elizabeth, b. 1865, d. 1942.
COADY, J. Edward, b. Sept. 14, 1916, d. Oct. 3, 1975.
COADY, James Edward., "Father", b. Oct. 19, 1862, d. Dec. 6, 1939.
COADY, Johannah, (Johannah Coady Bloomingdale), b. Nov. 15, 1895, d. May 17, 1960.
COADY, Johannah, b. 1859, d. 1859.
COADY, Infant son, 1942
COADY, Johanna, b. Feb. 15, 1901, d. May 1, 1980.
COADY, Mary Ann, b. Sept. 20, 1891, d. July 19, 1977.
COADY, Mary C., b. Oct. 7, 1917, d. 1996.
COADY, Mary Ellen, "Mother", b. 1867, d. Oct 29, 1935.

The Legacy

COADY, Mary Lynch, b. Oct. 7, 1917, d. Dec. 22, 1996.
COADY, Patrick Thomas, b. Sept. 1, 1888, d. Sept. 29, 1955.
COADY, Pierce, "Father", b. 1824, d. Oct. 26, 1910.
COADY, Pierce E., b. Feb. 24, 1890, d. Jan. 31, 1967.
COADY, Richard Joseph, b. June 15, 1874, d. Aug. 10, 1875.
COADY, Rose, b. Sept. 7, 1892, d. Oct. 1977.

COLEY, Patrick, IA PFC US Army W.W. I b. Oct. 20, 1895 d. April 27, 1966.

COLLINS, Anna F., dau. of Thomas & Bridget, b. Ky. d. near Georgetown Sept. 18, 1896, 40y.
COLLINS, Bridget, wife of Thomas, b. Co. Galway, Ireland, d. Feb. 2, 1908, 86y.
COLLINS, Bridget, d. Oct. 1860, 4y.
COLLINS, Catharine, wife of John, d. June 15, 1883, 61y.
COLLINS, John, d. Nov. 17, 1882, 66y.
COLLINS, John, d. Oct. 1860, 6y.
COLLINS, Mary, d. Oct. 1869, 8y.
COLLINS, Michael, d. Oct. 1860/68, 9y.
COLLINS, Thomas, b. Parish of Taum, Co. Galway, Ireland. d. Georgetown Oct. 1, 1902, 78y.

COMER, Anna M., b. 1896, d. 1988.
COMER, Bridget, b. 1830 d. 1906.
COMER, Elizabeth A., b. 1864 d. 1945.
COMER, James E., 1892 d. 1938.
COMER, James S., son of Thomas & B., d. Nov. 19, 1882, 12y. 6m. 29d.
COMER, John J., b. 1859 d. 1942.
COMER, Joseph, b. 1864 d. 1941.
COMER, Mary A., b. 1864 d. 1946.
COMER, Michael, b. Sept. 19, 1873 d. July 17, 1910.
COMER, Theresa, daughter of Thomas E. and Elizabeth A., b. 1902 d. 1908.

Saint Patrick's Georgetown

COMER, Thomas, b. 1813 Co. Roscommon, Ireland, d. Oct. 22, 1901, aged 88y.
COMER, Thomas E., b. 1863 d. 1930.

CONDON, Thomas, b. Co. Kilkenny, Ireland d. June 18, 1884, aged 66y.

CONLEY, Mary McGrath, b. 1876, d. 1916.
CONLEY, Thomas E., b. 1871, d. April 15, 1938.

CONNELL, Bridget, d. May 22, 1916, aged 76y.
CONNELL, Francis Wm., d. April 24, 1874, 3y. 3m. 27d. "Children of William & B."
CONNELL, Gorden (? illegible) "Children of William & B."
CONNELL, John H., d. April 24, 1874, 1y. 6m. 27d. "Children of William & B."

CONNOR, Bryan, d. May 12, 1871, aged 57y. 12d.
CONNOR, Hannah, d. Aug. 17, 1878, aged 58y. 2m. 17d.
CONNOR, Kate, d. Aug. 22, 1870, aged 17y. 8m. 22d.

CONNORS, Catharine, wife of Murty, b. Parish of Kilmurry, Co. Clare, Ireland d. Nov. 20, 1895, aged 78y.
CONNORS, Michael, son of Murty & Catherine, b. Kilmurry, Co. Clare, Ireland d. May 18, 1871, aged 27y.
CONNORS, Murty, husband of Catharine, b. Parish of Kilmurry, Co. Clare, Ireland d. Rochester, N. Y. April 27, 1856, aged 40y.

CONWAY, Bridget, wife of Patrick, d. Jan. 24, 1874, aged 52y.

CORMAN, Nora Marriea, b. Jan. 17, 1903. D. Sept. 10, 1904.

COTTER, James, husband of M., b. Co. Kerry, Ireland, d. May 23, 1877, aged 78y.

COUGHLIN, Catherine, wife of Laurence, b. 1836 Co. Galway, Ireland, d. Nov. 12, 1912.

The Legacy

COUGHLIN, Johannah, wife of Patrick, b. Jan. 20, 1832 Co. Cork, Ireland, d. Jan. 20, 1893, aged 66y.
COUGHLIN, John, b. Oct. 12, 1911 d. Aug. 9, 1913.
COUGHLIN, Laurence, b. 1827 Ireland, d. Jan. 27, 1901, aged 74y.
COUGHLIN, Mary, b. Feb. 17, 1902 d. March 4, 1902.
COUGHLIN, Patrick, b. Parish of Mountain, Co. Clare, Ireland, d. March 29, 1903, aged 79y.
COUGHLIN, Simon, son of L. & C. d. Jan. 18, 1892, aged 11y. 4m.

COWLES, Catherine, b. 1923 d. 2003.
COWLES, John, b. Oct. 20, 1919 d. July 5, 2010.

CRAIG, Alexander, "Father", b. 1867 d. 1934.
CRAIG, Anna M., b. 1902, d. 1972.
CRAIG, Anna T., b. 1899 d. 1977.
CRAIG, Anna Marie, dau. of John & Ellen, b. 1899, d. 1994.

Photo by Michael W. Lemberger

Saint Patrick's Georgetown

CRAIG, Ceilia.
CRAIG, Charles F., b. Feb.4, 1882 d. May 1, 1937, aged 55y. 2m. 27d.
CRAIG, Daniel, b. 1902 d. 1972.
CRAIG, Daniel D., b. 1907 d. 1972.
CRAIG, Elizabeth, b. Oct. 19, 1871 d. Nov. 20, 1924.
CRAIG, Elizabeth, b. Dec. 23, 1860 Georgetown d. Sept. 15, 1941 Albia.
CRAIG, Ellen, "Sister", b. 1869 d.1947.
CRAIG, Florence A., b. 1903.
CRAIG, Infant Son of Joseph & Arlene, d. May 16, 1961.
CRAIG, Infant Son of Leo & Anna, d. June 12, 1920.
CRAIG, J. Leo, b. Aug. 28, 1895 d. April 15, 1984.
CRAIG, James A., b. Feb. 24, 1857 Georgetown d. Sept. 11, 1933 Albia.
CRAIG, John, b. Co. Tyrone, Ireland Aug. 19, 1818, d. Oct. 24, 1897.
CRAIG, John P., Co. D 67 U.S. Field Art.
CRAIG, June L., b. 1923.
CRAIG, Mary, wife of Alexander, b.1879 d. 1931.

Photo by Michael W. Lemberger

The Legacy

CRAIG, Mary A., b. Ohio 1835, d. Oct. 6, 1915.
CRAIG, Mary Murray, b. Mar. 28, 1893 d. Dec. 18, 1918.
CRAIG, Patrick A., b. 1937.
CRAIG, Robert E., b. 1904 d. 1968.
CRAIG, Theresa E., b. Nov. 26, 1884, d. May 1, 1937, aged 57y. 6m. 5d.
CRAIG, Thomas, son of J. & E., b. Feb. 12, 1905 d. Feb. 26, 1905.
CRAIG, William, "Brother", b. 1860 d. 1943.
CRAIG, William Harold, b. 1921 d. 1982. 51 U.S. Navy WWII.
CRAIG, William F., b. April 23, 1897 d. Dec. 3, 1959. PFC 4, CO 163 Depot Brigade WWI.
CRAIG, Mrs. W.F., d. Aug. 1, 1937, aged 66y.
CRAIG, Mrs. William J., b. March 28, 1893 d. December 18, 1918.

CRALL, Agnes M., b. 1904 d. 2001.
CRALL, Annie, "Mother", b. 1863 d. 1943.
CRALL, Annie, dau. of John & Ellen. [no dates].
CRALL, Edmund P., "Son", b. 1898 d.1957.
CRALL, Ellen McCarty, wife of John, b. 1845 Co. Cork, Ireland d. Sept. 27, 1912.
CRALL, Edward, "Father", b. 1872, d. 1951.
CRALL, Helen Marie Kelleher, b. 1929 d. May 2008.
CRALL, John, b. 1838 Westerville, Ohio d. Jan. 5, 1907.
CRALL, John F., b. Feb. 10, 1907 d. Jan. 20, 1962 IA PFC 17 Airborne Div. WWII.
CRALL, John J., b. 1901 d. 1983.
CRALL, John Joe, b. 1931 d. 1977, PFC U.S. Army, Korea.
CRALL, Margaret, b. 1912 d. 1957.
CRALL, Mary A. Stone, b. 1906 d. 2008.
CRALL, Mary, b. 1882, d. 1971.

Saint Patrick's Georgetown

CRALL, Mary Ann, dau. of Patrick Jr. & Marianne, b. Sept. 13, 1956
   d. Aug. 5, 1958.
CRALL, Olive Marie (Susin), b. Jan. 31, 1929 d. May 16, 1981,
   wife of John Joe.
CRALL, Patrick F., b. 1903 d. 1966.
CRALL, Stephen, b. Nov. 23, 1880, d. July 20, 1936.
CRALL, William E., b. 1934 d. 1994.

CULLINANE, Edward, son of Marinda & James d. Aug. 1, 1858 aged 4y.
CULLINANE, James, b. Parish of Toorncena, Co. Waterford, Ireland
   d. Nov. 13, 1890, aged 75y.
CULLINANE, Marinda A., wife of James, d. Sept. 1, 1856, aged 31y.

CUMMINS, Ann, wife of John, d. Feb. 14, 1875, aged 70y.
CUMMINS, Elizabeth, wife of Patrick, b. Lorine, France Oct. 15, 1843
   d. Sept. 11, 1901.
CUMMINS, John, native of Maynooth, Co. Kildare, Ireland,
   d. Dec. 18, 1872, aged 75y.

The Legacy

CUMMINS, John F., b. 1867 d. 1952.
CUMMINS, Katie, b. 1873 d. 1930.
CUMMINS, Marguerite, b. 1898, d. 1967.
CUMMINS, Michael, b. 1817 Dublin, d. 1904.
CUMMINS, Nora Ann, b. 1900, d. 1952.
CUMMINS, Patrick, b. Dublin d. Dec. 26, 1915, aged 80y.

CUNNINGHAM, John, Son of W. & K., b. Feb. 4, 1854 d. Nov. 18, 1881.
CUNNINGHAM, Katherine, wife of William, d. Aug. 9, 1901, aged 80y.
CUNNINGHAM, William, b. July 12, 1822 d. April 15, 1911.

~D~

DAVIS, Nora Greene, b. 1910 d. 1978.

DAYTON, Johny, son of Patrick & M. T.,
 d. Feb. 7, 1877 aged 3y.

DEANE, Anna (Malone), b. 1889 d. 1969.

DENATO, Robert, b. 1965 d. 1993.
DENATO, Silvario Jr., b. 1941 d. 2003.

DEVINE, M., b. Parish of Dingel, Co. Kerry,
 Ireland, d. Sept. 12, 1888 aged 80y.
DEVINE, Patrick, husband of Ellen O'Brien,
 b. Parish of Dingel, Co. Kerry, Ireland,
 d. July 22, 1887 Georgetown, aged 83y.

DICKERSON, Timothy John, b. 1962 d. 1962.

DINNEEN, Ellen, dau. of Timothy & Mary, d. July 24, 1875 aged 15m.
DINNEEN, Margaret J., b. Feb. 29, 1873 d. Jan. 18, 1908.

DIOTTE, Mary V., b. 1892 d.1955.

DONNELON, Thomas, b. Co. Galway, Ireland, d. June 9, 1870, aged 25y.

DONOVAN, Ellen, Native of Co. Cork, Ireland d. May 21, 1872, aged 78y.
DONOVAN, Ellen, b. May 13, 1880 d. May 13, 1880. (Children of J. & M.)

The Legacy

DONOVAN, James, b. Co. Cork, Ireland d. Sept. 27, 1912, aged 81y.
DONOVAN, Margaret, wife of James, b. Jan. 6, 1838 d. Oct. 19, 1919.
DONOVAN, Margaret A., b. Jan. 10, 1876, d. Jan 10, 1876. [Children of J. & M.]
DONOVAN, Mary E., b. July 19, 1872 d. Aug. 10, 1873.

DOODY, Bridget, b. Ireland d. 1889.
DOODY, John, b. Ireland d. 1876.
DOODY, John L., b. 1853 d. 1922.

DUGGAN, Elizabeth, b. 1862 d. 1949.
DUGGAN, Elizabeth, wife of John, died Sept 8, 1881 aged 64y.
DUGGAN, John, b. 1857 d. 1926.
DUGGAN, John, b. Co. Cork, Ireland, d. Sept. 20, 1909 aged 93y.

DUNDON, John, Native of Limerick, Ireland d. 13 May 1865 aged 66y.

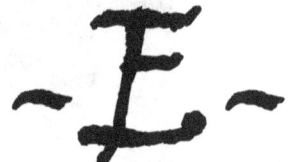

EARLY, Anna, b. 1881 d. 1956.
EARLY, Catherine, b. 1874 d. 1942.
EARLY, Damon, b. 1878 d. 1961.
EARLY, Ella, b. 1880 d. 1937.
EARLY, Joseph, b. 1876 d. 1919.
EARLY, Margaret, b. 1917 d. 1917.

EASTLICK, Richard.
EASTLICK, Sandra b. 1943 d. 2003.

ENNIS, Dail Flannery, d. July 24, 1914.
ENNIS, Della, b. 1863 d. 1953.
ENNIS, John, b. 1858 d. 1935.
ENNIS, Matthew, d. June 13, 1901.
ENNIS, Peter F., son of Matthew & Sarah, d. June 22, 1882, aged 16y.
ENNIS, Sarah, wife of Matthew, d. Sept. 3, 1910.
ENNIS, William, son of Matthew & Sarah, d. July 25, 1879, aged 16y. 2m. 20d.

The Legacy

~F~

FAGAN, Jane, wife of John, d. Nov. 4, 1871, aged 36y.

FALLON, Ella (Lahart), wife of John, b. 1884 d. 1958.
FALLON, John, b. June 23, 1878 d. Feb. 27, 1981.
FALLON, John M., son of John and Ella, b. 1914 d. 1924.
FALLON, Mary T., b. Apr. 21, 1907 d. July 31, 1997.

FEEHAN, Anne C., b. 1906 d. 1991.
FEEHAN, Bart, b. Nov. 30, 1867 d. Aug. 9, 1936.
FEEHAN, Bill, b. 1908 d. 1984.
FEEHAN, Catherine, wife of William Sr., d. Jan. 2, 1908, aged 65y.
FEEHAN, Infants – Children of Mr. & Mrs. W. H. Feehan – William J., Agnes, Florence, Cecelia, Veronica & W. E. Hines
FEEHAN, Florence, b. 1909 d. 2001.
FEEHAN, Gerald Francis, b. Aug. 24, 1934 d. Feb. 4, 1935, aged 5m. 10d.
FEEHAN, Pat, b. Apr. 8, 1885 d. June 29, 1929.
FEEHAN, Susan, b. 1875 d. 1952.

Saint Patrick's Georgetown

FEEHAN, Walter E., b. 1906 d. 1982.
FEEHAN, William, b. Nov. 11, 1837 d. Aug. 17, 1922.
FEEHAN, William H., b. 1873 d. 1959.

FITZGERALD, Mary Lou, b. May 8, 1929 d. May 19, 2010.

FITZPATRICK, Catherine, d. Oct. 7, 1861, aged 23m. [Children of Hugh & Ann].
FITZPATRICK, Francis, b. 1810 Timolegan Parish, Co. Cavan, Ireland, d. Aug. 15, 1902.
FITZPATRICK, Francis K., b. 1855 d. 1941.
FITZPATRICK, Frank, son of J. & S., b. Monroe Co. d. April 24, 1883, aged 19y. 3m. 16d.
FITZPATRICK, James, b. Parish of Naul, Co. Dublin, Ireland, d. April 11, 1862 aged 58y.
FITZPATRICK, John F., b. 1857 d.1932.
FITZPATRICK, Mary, wife of Francis, b. 1804 Timolegan Parish, Co. Davin, Ireland, d. 1883, aged 79y.
FITZPATRICK, Phillip, d. March 22, 1865, aged 21m. [Children of Hugh & Ann].
FITZPATRICK, Rose Ann, d. Oct. 22, 1861, aged 15y. [Children of Hugh & Ann].
FITZPATRICK, Sarah, b. Co. Fermanaugh, Ireland, came to America 1855. d. Sept. 25, 1882, aged 50y. "Erected by Kate & Frank Fitzpatrick"

FLATTERY, Agnes Veronica (Coady), b. Nov. 15, 1894 d. 1990.
FLATTERY, Alan Edgar, b. Nov. 15, 1925 d. Nov. 27, 1927 aged 12d.
FLATTERY, Edgar Allen, b. Nov. 15, 1925 d. Nov. 27, 1925.
FLATTERY, Ambrose M., b. June 24, 1909 d. Aug. 6, 1960.
FLATTERY, Bernice E., b. 1925.
FLATTERY, Della.
FLATTERY, Edmond V., b. Nov. 16, 1898, d. Aug. 1977.
FLATTERY, Edmond Jr., b. 1936 d. 2002.
FLATTERY, Ellen A,, 1909.
FLATTERY, Frances A., wife of John H., b. April 5, 1866 d. Oct. 1, 1915.
FLATTERY, Francis M., b. Sept. 24, 1900 d. Aug. 24, 1978.

The Legacy

Photo by Michael W. Lemberger

Saint Patrick's Georgetown

FLATTERY, Margaret, wife of Henry, b. Parish Dunmore, Galway Co., Ireland d. July 31, 1903 aged 85y.

FLATTERY, Henry F., b. Taum, Galway Co., Ireland d. Aug. 30, 1909, aged 87y.

FLATTERY, Henry Vincent, b. Aug. 18, 1896 d. July 30, 1980.

FLATTERY, Infants of Henry & Agnes.

FLATTERY, infant dau. of Paul & Bernice, b. 1945 d. 1945.

FLATTERY, J. Joseph, b. 1898 d. 1965.

FLATTERY, James, "Father", b. 1807 d. 1877.

FLATTERY, James H., b. June 13, 1854 d. Oct. 17, 1925.

FLATTERY, John H., b. March 28, 1857 d. Aug. 5, 1917.

FLATTERY, John J., b. 1860 d. 1935.

FLATTERY, John P., b. May 12, 1896 d. Dec. 27, 1963.

FLATTERY, John, b. 1938 d. 2003.

FLATTERY, John Jr.

FLATTERY, Laura.

FLATTERY, Leo Thomas., b. April 16, 1901 d. Dec. 30, 1981.

FLATTERY, Margaret, b. 1865 d. 1940.

FLATTERY, Marie G. (Coady), wife of Leo Thomas, b. 1900 d. 1989.

FLATTERY, Mary Agnes, b. Feb. 27, 1930 d. Mar. 19, 1930 aged 20d.

FLATTERY, Mary M., b. June 7, 1858 d. May 24, 1936.

FLATTERY, Mildred A.,. Aug. 2, 1905, d. Mar. 27, 1991.

FLATTERY, Paul J., b. 1924 d. Mar. 13, 2005.

FLATTERY, Paul W., b. Sept. 23, 1903 d. Jan. 29, 1923.

FLATTERY, Vincent, son of John & Maggie, b. Feb. 6, 1905 d. June 2, 1906.

FLATTERY, Winnifred, "Mother", b. 1822 d. 1901.

The Legacy

FLYNN, Catharine, wife of Martin, Oct. 31, 1864, aged 67y. 9m. 9d.
FLYNN, Martin, d. Oct. 1, 1864, 66y.

FOLEY, Baby Joseph, b. July 18, 1906 d. Sept. 26, 1906.
FOLEY, Mary (Lahart), wife of John Foley, b. May 25, 1880 d. Aug. 21, 1906.

FORD, John, son of John and Bridget, d. Sept. 2, 1872, aged 6m.

FOX, Thomas, b. County Meath, Ireland, d. Sept. 5, 1872, aged 60 y.

FRYHOFF, Margaret, wife of John H., d. Nov. 2, 1874, aged 26y.
FRYHOFF, Mary A., wife of J. H., d. Oct. 13, 1872, aged 39y.

FUGATE, Dustin, b. 1980 d. 1997.

GALLAGHER, Anthony, b. 1839 d. 1906.
GALLAGHER, Anthony J., b. 1872 d. 1892.
GALLAGHER, Eliza, wife of (illegible)
GALLAGHER, Margaret L., b. 1876 d. 1895.
GALLAGHER, Mary, wife of Anthony,
     b. 1841 d. 1916.
GALLAGHER, Patrick H., b. 1870 d. 1892.

GARETY, P., b. Co. Dublin, Ireland d.
     March 6, 1889, aged 72y.
GARETY, Catherine, wife of P., b.
     Co. Queen, Ireland.

GARSON, Bessie Rooney, b. 1889
     Sligo, Ireland, d. 1978.
GARSON, Natalie P., b. 1925 d. 2000.

GILSON, Wm., b. 1844 d. 1877.

GLEESON, Rev. Patrick J., Pastor of Staceyville d. Oct. 1, 1871, aged 28y.

GLYNN, Bridget, b. Co. Clare, Ireland, d. July 6, 1902, aged 87y.
GLYNN, Elizabeth, dau. of J. & A., d. Jan. 1, 1879, aged 1y. 2m. 4d.
GLYNN, James, husband of Anna, d. Aug. 2, 1881, aged 28y. 5m.
GLYNN, Julia, wife of Michael, d. Aug. 6, 1883, aged 22y. 1m. 13d.

GOALEY, Thomas P., b. March 16, 1858 d. May 8, 1940.

The Legacy

GOLEY, Patrick, d. Oct. 17, 1887, aged 57y.

GORMAN, Margaret Sullivan, wife of Thomas, b. Tralee, Co. Kerry, Ireland, d. May 7, 1882, Albia, aged 43y. 7m.
GORMAN, Mary, dau. of T. & M., b. Eddyville IA, d. Oct 11, 1885 Albia, aged 19y. 8m.

GOULEY, Thomas, son of Patrick & Mary, d. Jan. 8, 1873, aged 15y. 3m. 8 d.

GRADY, Agnes, b. 1917 d. 1930.
GRADY, Bridget, wife of James, b. Dec. 19, 1887 d. July 9, 1922.
GRADY, Francis, b. 1908 d. 1910.
GRADY, Gertrude, b. 1871 d. Oct. 31, 1920.
GRADY, Infant, b. 1906 d. 1906.
GRADY, Infant, b. 1918 d. 1918.
GRADY, James, b. 1889 d. 1969.
GRADY, Martin, b. Nov. 30, 1820 Parish of Monbea, Co. Galway, Ireland, d. Dec. 15, 1888, Albia, son of John Grady & Mary Wall.
GRADY, Mary, b. 1851 d. 1946.
GRADY, Michael, b. 1919 d. 1920.
GRADY, Michael O., b. 1849 d. 1939.
GRADY, Pierce, b. 1892 d. 1970.
GRADY, Mamie, wife of Pierce, born September 21, 1898 Weller, Iowa, d. September 20, 1920, aged 22y.

GRANE, ??, wife of Mark, d. Sept. 16, 1865.

GREENE, Elizabeth, b. 1876 d. 1924.
GREENE, Joseph, son of Michael & Mary, d. Feb. 2, 1887, aged 1y. 8m.
GREENE, Lawrence P., b. 1866 d. 1955.
GREENE, Mary, b. Oct. 28, 1846 d. Dec. 14, 1921.
GREENE, Michael, b. 1836 d. 1930.
GREENE, Michael, b. Jan. 13, 1943 d. July 29, 2007.
GREENE, Michael J., son of M. G. & M., d. Dec. 6, 1893, aged 4y. 2m. 7d.

Saint Patrick's Georgetown

Photo by Michael W. Lemberger

GREINER, Bernadine (Coady), b. 1948 d. 2003.

GRIFFIN, Elizabeth, wife of Patrick, d. Oct. 21, 1872, aged 56y.
GRIFFIN, Elizabeth, dau. of Patrick, d. Dec. 21, 1872, aged 36y.
GRIFFIN, Julia, wife of Michael, d. Aug. 6, 1883, aged 22y. 1m. 13d.

Photo by Michael W. Lemberger *The Legacy*

~H~

HAGERTY, Joseph, b. Skull, Co. Cork, Ireland, d. Aug. 10, 1865, aged 28y.

HARKENS, Philip, husband of M. Reardon, b. Parish of Tanday, Co. Cork, Ireland d. Nov. 1888, aged 100y.

HARRIS, Lloyd, b. 1904, d. 1946.
HARRIS, Laura, b. 1904, d. 1946.

HART, Isabella, wife of John, b. Co. Donegal, Ireland d. April 28, 1899, aged 65y.
HART, John, b. Co. Carlow, Ireland. d. Aug. 25, 1895, aged 71y. 8m.

HEAGNEY. John W., b. Nov. 15, 1864 d. Jan. 15, 1952.
HEAGNEY, Julia, wife of John, b. Aug. 15, 1872 d. Mar. 11, 1918.
HEAGNEY, Margaret, b. Aug. 25, 1910 d. Nov. 13, 1918.

HEELAN, Nellie, b. 1886 d. 1963.

HEFFERNON, John P. (Father), b. 1856. d. 1923.
HEFFERNON, Mary A. (Mother), b. 1867 d. 1961.
HEFFERNON, Francis L., b. 1903 d. 1961.

HEFFRON, Agnes M., b. 1904 d. 1972.
HEFFRON, Ann, b. 1904 d. 1983.
HEFFRON, Anna B.
HEFFRON, Cecelia, b. Co. Galway, Ireland d. May 2, 1895, aged 75y.

Saint Patrick's Georgetown

Photo by Michael W. Lemberger

HEFFRON, John P., b. Sept. 12, 1901 d. July, 1970.
HEFFRON, Agnes M., b. June 9, 1903, d. Sept. 1979.
HEFFRON, Francis L., b. 1903 d. 1961.
HEFFRON, James W., b. June 20, 1875 d. Feb. 2, 1939.
HEFFRON, John, b. Co. Galway, Ireland, d. 13 Jan. 1878, aged 70y.
HEFFRON, John J., b. May 9, 1868 d. May 24, 1913.
HEFFRON, John P., b. 1932 d. 1960.
HEFFRON, Martin, b. June 1, 1846 d. July 13, 1927.
HEFFRON, Martin F., b. Nov. 5, 1876 d. May 23, 1930.
HEFFRON, Mary, wife of Martin, b. Aug. 5, 1846 d. May 31, 1885.
HEFFRON, Mary M., b. 1905.
HEFFRON, Michael, b. Co. Galway, Ireland d. April 13, 1888, aged 77y.
HEFFRON, Michael J., b. Feb. 7, 1895 d. Oct. 1969.
HEFFRON, Patrick F., b. Feb. 24, 1870 d. Aug. 9, 1937, sons of
    Martin & Mary.

The Legacy

HEFFRON, Thomas S., b. Jan. 19, 1867 d. Dec 24, 1923.
HEFFRON, Timothy, b. Dunmore, Co. Galway, Ireland, d. March 18, 1882 aged 60y.
HEFFRON, William A., b. Dec. 13, 1896 d. 1974.

HESS, John, b. 1883 d. 1951.
HESS, Mary, b. 1885 d. 1965.
HESS, Willis K., b. 1926 d. 1926.

HIGGINS, W. d. Jan. 22, 1894, aged 75y.

HINES, Robert E., b. 1909 d. 1959.
HINES, Susanna, b. 1911 d. 1952.

HOGAN, Andrew, b. Aug. 28, 1855 Gorey, Co. Wexford, Ireland, d. Omaha, Nebraska June 14, 1927.
HOGAN, Margaret J., b. Jan. 6, 1863 Georgetown, d. Aug. 6, 1933.

HOPKINS, John, husband of Mary E., d. Oct. 25, 1878, aged 56y.

Photo by Michael W. Lemberger

Saint Patrick's Georgetown

HOURIGAN, Matthew, b. Aug. 29, 1819 d. April 29, 1872.
HOURIGAN, Patrick.

HOURIHAN, Nora, wife of John, b. Co. Cork, Ireland d. Aug. 3, 1895, aged 38y.

HURD, Richard, d. March 16, 1906, aged 61y.

HURLEY, Ann, wife of Thomas, born Skull, Co. Cork, Ireland, d. Nov. 13, 1866 aged 44y.
HURLEY, Hannah
HURLEY, Michael
HURLEY, Nora, wife of Wm., b. July 15, 1851 d. May 1936.
HURLEY, Patrick, son of Wm. & Nora, b. Feb. 16, 1891 d. Dec. 30, 1912.
HURLEY, Patrick, son of D. & M. d. July 15, 1873, aged 28y.
HURLEY, Thomas, b. Skull, Co. Cork, Ireland, d. Nov. 13, 1866, aged 49y.
HURLEY, Thomas, son of M., d. Mar. 10, 1873, aged 16y. 9m. 9d.
HURLEY, William, b. 1840 Co. Cork, Ireland, d. Jan. 2, 1913.

The Legacy

Photo by Michael W. Lemberger

-I-

IMMAY, Jane, wife of John, d. Nov. 1, 1871, aged 16 (?).

– J –

JUDGE, Anna (Ann Agnes), Oct. 9, 1889 d. Dec. 10, 1984, dau. of John & Ellen Coady Judge.
JUDGE, Catherine, wife of John, b. April 1830 Queen Co., Ireland, d. Feb. 11, 1901, aged 70y. 10m.
JUDGE, Catherine, dau. of Joseph & Mary, b. Nov. 5, 1901 d. Jan. 2, 1904.
JUDGE, Danny Joe, b. Aug. 30, 1963 d. Oct. 1, 1963, twin of Laura Ann, children of Joe P. & Lorraine.
JUDGE, Edmond P., b. Feb. 2, 1897 d. Jan. 28, 1970.
JUDGE, Edward A., b. 1913 d. 1970.
JUDGE, Ed A., b. 1902 d. 1983.
JUDGE Ellen, b. 1835 d. 1901.
JUDGE, Ellen T. (Coady), b. Apr. 6, 1866 d. Nov. 3, 1958.
JUDGE, Elsie R., b. 1909.

JUDGE, Helen C., b. 1902 d. 2002.
JUDGE, Infant Son of Pat & Mary, d. Oct. 14, 1938.
JUDGE, James A., b. 1857 d.1862.
JUDGE, John, b. June 1821 Co. Westmeath, Ireland, d. Staceyville, Ia. Oct. 1897, aged 75y. 8m.
JUDGE, John "Cactus", b. Jan. 9, 1895, d. Feb. 1976.
JUDGE, John F., b. 1903 d.1903.
JUDGE, John J., Dr. (chiropractor), b. Sept. 2, 918 d. March 22, 1953. IA USNR WW II.

The Legacy

Photo by Michael W. Lemberger

JUDGE, John P., "Father", b. 1856 d. 1933.
JUDGE, John Patrick, b. Jan. 13, 1862, d. Dec. 1, 1951.
JUDGE, John Sylvester, b. Sept. 21, 1891 d. 1988.
JUDGE, Joseph, b. 1909 d. 1999.
JUDGE, Joseph L., b. 1864 d. 1945.
JUDGE, Joseph Michael, b. Nov. 17, 1893 d. 1975.
JUDGE, Joe P., b. 1928 d. 2003.
JUDGE, Joseph R., b. 1909.
JUDGE, Kathryn M., b. 1896.
JUDGE, Kathryn T., b. 1915.
JUDGE, Laura Ann, b. Aug. 30, 1963 d. Aug. 30, 1963, twin of Danny Joe, children of Joe P. & Lorraine.
JUDGE, Lorraine Ann, b. 1926 d. July 31, 2007.
JUDGE, Margaret I., b. April 16, 1915 d. Jan. 31, 1984.
JUDGE, Mary, b. 1865 d. 1957.
JUDGE, Mary A., "Mother", b. 1867 d. 1961.
JUDGE, Mary A., b. 1906 d. 1999.

JUDGE, Mary C., b. 1867 d.1946.
JUDGE, Mary C., b. Sept. 3, 1911 d. Mar. 4, 1985, dau. of Geo. & Mary Lucas Catch
JUDGE, Mary Denefe, b. July 4, 1896 d. Oct. 11, 1984, dau. of James E. & Elizabeth Kickey Denefe, wife of Joe M.
JUDGE, Mary E., b. 1867 d.1869.
JUDGE, Mary E., b. 1901 d. 1990.
JUDGE, Michael, b. 1837 d.1865 Murdered in Bedford, Iowa.
JUDGE, Mildred H., b. Sept. 7, 1902 d. Dec. 1975.
JUDGE, Patrick J., b. 1905 d. 2003.
JUDGE, Phillip, b. 1932 d. 1992.
JUDGE, Rose, b. 1794 d. 1874.
JUDGE, Dr. Thomas A., chiropractor b. 1930 d.1953.
JUDGE, William Leo, "Lefty", b. July 1898 d. Jan. 1986.
JUDGE, William P., b. Mar. 1, 1900, d. Dec.1983.
JUDGE, William P., b. 1866 d.1926.

The Legacy

~ K ~

KEARNEY, John, b. June 22, 1831 Co. Westmeath, Ireland, d. July 17, 1910.
KEARNEY, John H., b. Nov. 27, 1870 d. Oct. 2, 1915 A.O.H. Georgetown Div. No. 1
KEARNEY, Mary, wife of John, b. 1828 Co. Westmeath, Ireland, d. April 27, 1905.

KELLEHER, Anna, b. 1881 d. 1956.
KELLEHER, Catherine, b. 1857 d.1938.
KELLEHER, Dan, b. 1887 d.1936.
KELLEHER, Daniel, b. Co. Cork, Ireland d. Nov. 6, 1879, aged 68y.
KELLEHER, Ella, b. 1880 d. 1937.
KELLEHER, Ellen, wife of Daniel, b. Co. Cork, Ireland d. Dec. 31, 1892, aged 77y.
KELLEHER, Hannah G., b. Aug. 11, 1889 d. Oct. 30, 1969.
KELLEHER, James, b. 1841 d. 1925.
KELLEHER, James P., b. March 14, 1 886 d. April 13, 1949.
KELLEHER, Johanna, wife of Patrick, b. 1850 d. 1925.
KELLEHER, Rev. John P., Priest of the Diocese of Louisville, Ky. d. March 31, 1887, aged 63y.
KELLEHER, John, d. May 1, 1895, aged 4y.
KELLEHER, Joseph, b. 1876 d. 1918.
KELLEHER, Mary, b. 1883 d. 1887.
KELLEHER, Mary, d. April 9, 1898, aged 19y.
KELLEHER, Michael, son of Daniel & Ellen, b. Co. Cork, Ireland d. Oct. 10, 1871, 26y.
KELLEHER, Patrick, b. Co. Cork, Ireland d. Jan. 11, 1913, aged 70y.
KELLEHER, Patrick J., b. Sept. 11, 1879 d. Nov. 11, 1918.
KELLEHER, William, b. 1886 d. 1887.

Saint Patrick's Georgetown

Photo by Michael W. Lemberger

KELLOGG, Elmer E., b. 1885 d. 1969.
KELLOGG, Icyl I. (Repp), b. Jan 9, 1897, d. Nov. 10, 1988.

KELLY, Beth, b. Jan. 5, 1951 d. July 18, 2005, mother of Scott.
KELLY, Father James M., b. July 4, 1835 d. March 5, 1922.

KENNEDY, John, Sgt. Co. B 26 IA Inf [Civil War]
KENNEDY, Mary, wife of William, d. Sept. 30, 1881, aged 70y.
KENNEDY, Nellie, dau. of M., d. Sept. 21, 1876, aged 20y. 7m. 10d.
KENNEDY, Thomas, b. Co. Gallagher, Ireland d. June 9, 1870
KENNEDY, William, b. Dec. 22, 1794 Kings Co., Ireland, d. Sept. 3, 1895.

KERR, Victoria Lahart, d. Dec. 2008.

The Legacy

KIRBY, Elizabeth, dau. of John & Johanna, b. July 2, 1869 Georgetown, d. Apr. 9, 1880, aged 11y.

KIRBY, Johanna, b. 1838 Templemore, Co. Tipperary, Ireland, d. Jan. 21, 1890, aged 52y.

KIRBY, John, b. 1820 Hurles, Co. Tipperary, Ireland, d. March 27, 1892, aged 72y.

KIRKENDALL, Margaret, b. Apr. 6, 1866 d. Feb. 10, 1913.

KIRKENDALL, Paris, b. Jan. 26, 1860 d. Nov. 20, 1937.

KORIEDL, ??, d. July 1860.

Saint Patrick's Georgetown

The Legacy

LAHART, Anthony "Tony", b. 1948 d.1958, son of Walter & Lucille.
LAHART, Bridget, b. 1817 Co. Kilkenny, Ireland, d. Dec. 10, 1911.
LAHART, Chad, b. 1978 d. 2003.
LAHART, Debra Mary, b. Feb. 18, 1968 d. Feb. 18, 1968.
LAHART, Edward, b. Co. Kilkenny, Ireland d. July 20, 1887, aged 65y.
LAHART, Edward, b. Keokuk d. Cripple Creek, Colorado Feb. 25, 1907, aged 49 y.
LAHART, Edward J., b. 1911 d. 1981.
LAHART, Edward J., b. Jan. 1, 1890 d. April 25, 1976 CPL U.S. Army WW I
LAHART, Edward W., b. 1902 d. 1983.
LAHART, Elizabeth J., b. 1919.
LAHART, Ellen, "Mother", b. 1850 d. 1935.
LAHART, Ellen (twin to Margaret), dau. of James & Mildred, b. Sept.12, 1945 d. Sept.12, 1945.
LAHART, Francis, b. Sept 7, 1956 d. Nov. 28, 2005.
LAHART, Gary, b. 1953 d. 1998.
LAHART, Gertrude, b. 1881 d. 1971.
LAHART, Infant Daughter of Mr. & Mrs. Ed J., Aug. 8, 1963
LAHART, James A., b. 1907 d. 1996.
LAHART, James W., b. 1878 d. 1955.
LAHART, John, "Father", b. 1848 d. Feb. 2, 1920.
LAHART, John A., b. 1886 d. 1954.
LAHART, John F., b. 1905 d. 1995.
LAHART, Lucille, b. 1918.
LAHART, Margaret (twin to Ellen), dau. of James & Mildred, b. Sept.12, 1945 d. Sept.12, 1945.
LAHART, Mary, wife of E., b. Oct. 7, 1861 Eddyville, Ia. d. Colorado Springs July 18, 1893.

Saint Patrick's Georgetown

LAHART, Mary E., b. 1901 d. 1990.
LAHART, Mildred C., b. 1914 d. 2003.
LAHART, Paula, b. 1931 d. 1999.
LAHART, Raymond, b. 1938.
LAHART, Stephen A., b. 1946 d. 1964, son of Walter & Lucille.
LAHART, Walter Eugene, b. 1916 d. 2007.
LAHART, Zelma A., b. 1909 d. 1969.

LAMAR, Bernard, b. 1916 d. 1921.
LAMAR, Catherine M., b. 1890 d. 1972.
LAMAR, Charles E., son of E. & C., d. Nov. 20, 1882, aged 24y. 9m. 25d.
LAMAR, Charles J., b. 1889 d. 1932.
LAMAR, J. T., b. 1859 d. 1916.
LAMAR, Jacob M., son of E. & C., d. Dec. 8, 1885, aged 21y. 11m. 4d.
LAMAR, James, b. 1928 d. 1929.
LAMAR, Martha H., wife of J.T. Lamar, b. 1858 d. 1943.

LARNER, Hanora, wife of Robert, b. Tuam, Co. Galway, Ireland, d. May 16, 1890, aged 84y.
LARNER, Robert, b. 1816 Ireland, d. June 17, 1903.

LEE, Johanna, b. 1864 d. 1959.
LEE, Michael F., son of Robert & Johanna Green Lee, b. Jan. 4, 1893, d. May 10, 1985.
LEE, Philip B., b. 1905 d. June 13, 986, aged 80y.
LEE, Robert E., b. 1856 d. 1940.

LEWIS, Joseph, b. 1850 d. 1925.
LEWIS, Joseph W., b. 1902 d. 1988.
LEWIS, Louisina, b. 1865 d. 1934.
LEWIS, Mary V., b. 1897 d. 1991.
LEWIS, William P., b. Aug. 10, 1900 d. Nov. 21, 1982, WWII.

The Legacy

LIVINGOOP, Stephen J., infant, d. April 24, 1965.

LOGAN, Jane, d. Dec. 4, 1870, aged 24y.
LOGAN, Jane, wife of John, d. Nov. 4, 1871, aged 80y.

LUTTRELL, Alice M., b. 1875 d.1947.
LUTTRELL, Andrew A., b. 1857 d. 1934.
LUTTRELL, Catharine, dau of W. P. & A. M., b Nov. 26, 1907 d. Dec. 6, 1907.
LUTTRELL, Edward, son of Thomas & Mary, d. Nov. 24, 1890, aged 14y. 9 m 24d.
LUTTRELL, Edward J., b. 1902 d. 1940.
LUTTRELL, Edward P., b. 1896 d. 1975.
LUTTRELL, Ella, b. 1873 d. 1960.
LUTTRELL, Infant dau, d. Sept. 29, 1915.
LUTTRELL, James, b. Nov. 1861 d. Feb. 1948.
LUTTRELL, Kathryn M., b. 1897.
LUTTRELL, Mary, wife of Thomas, b. 1831 d. 1914.
LUTTRELL, Mary A., b. 1858 d. 1945.
LUTTRELL, Nora, b. 1912, d. 1993.
LUTTRELL, Rose, wife of James, b. Nov. 1859 d. March 1922.
LUTTRELL, Thomas, b. 1869 d. 1939.
LUTTRELL, Thomas, b. 1833 d.1914.
LUTTRELL, Thomas, b. 1909 d. 1989.
LUTTRELL, Thomas F., b. June 9, 1894 d. May 27, 1961. WWI.
LUTTRELL, W. B., b. Oct. 9, 1911 d. Nov. 12, 1911.
LUTTRELL, William E., b. March 3, 1890 d. Feb. 12, 1959, Pvt. USMC, WWI.
LUTTRELL, William P., b. 1873 d. 1952.

Saint Patrick's Georgetown

LYNCH, Catherine, b. 1884 d. 1964.
LYNCH, David A., b. Nov. 26, 1945 d. June 28, 1985, son of Rose Mary Lynch
LYNCH, Helen Marie, dau. of John & Winifred, b. 1946 d. 1948.
LYNCH, John F., b. 1916 d. 1981.
LYNCH, Kathryn C., b. 1892 d. 1986.
LYNCH, Margaret, b. 1846 d. 1925.
LYNCH, Phillip, b. 1834 d. 1923.
LYNCH, Rosemary A., b. Dec. 22, 1925 d. Aug. 2, 2009.
LYNCH, Thomas J., b. 1886 d. 1969.
LYNCH, William P., b. 1883 d. 1964.
LYNCH, William P., b. 1954 d. 2002.
LYNCH, Winifred E., b. 1916 d. 1982.

The Legacy

MACKEN, Kearen, b. Kings Co., Ireland, d. July 6, 1871, aged 56y. 11m.

MADDISON, Ellen A., b. 1939.
MADDISON, Richard E., b. 1939 d. 1985.

MAHIN, John J.

MAHONEY, Catherine, wife of John, d. Feb. 18, 1900, aged 40y.,
    dau. of E. & C. Coady.
MAHONEY, Catherine, b. 1894 d. 1970.
MAHONEY, Catherine, b. 1896 d. 1976.
MAHONEY, Daniel, b. 1865 d. Dec. 1, 1934.
MAHONEY, Ella, b. 1867 d. 1944.
MAHONEY, Ellen, wife of Daniel d. Dec. 12, 1873, aged 37y. 7m. 8d.
    ?, ?, "Her mother" died aged 92y
    ?, ?, "Her sister" died age 39y.
MAHONEY, Jerry, b. 1887 d. 1964.
MAHONEY, Jim, b. 1921 d. 1998.
MAHONEY, John, d. Sept. 2, 1918, aged 75y.
MAHONEY, John C., d. Sept. 28, 1882, aged 3y. 9m. 11d. Sons of P. & E.
MAHONEY, John J., b. 1918 d. 1953.
MAHONEY, John Joseph, b. 1927 d. 1933.
MAHONEY, Margaret, b. 1868 d. May 26, 1921.
MAHONEY, Mary, b. 1846, d. March 18, 1882, aged 36y.
MAHONEY, Michael J., 1895.
MAHONEY, Mildred, dau. of P. H. & M. d. March 12, 1903,
    aged 1y. 5m. 21d.

Saint Patrick's Georgetown

MAHONEY, Patrick, b. July 6, 1871 d. Feb. 13, 1908.
MAHONEY, Patrick, d. Sept. 28, 1894, aged 44y. 6m. 11d.
MAHONEY, Theresa, b. July 16, 1924 d. Feb. 7, 1926, aged 1y. 5m. 11d.
MAHONEY, William P., d. March 8, 1883, 1y. 10m., Sons of P. & E.

MALONE, Anna Deane, b. 1889 d. 1969.
MALONE, Catherine, 1904.
MALONE, Christopher, b. 1813 d. Sept. 21, 1891.
MALONE, James, b. 1894 d. 1960.
MALONE, James S., husband of M., b. 1819 Kings Co., Ireland, d. May 28, 1881.
MALONE, John, b. 1853 d. 1923.
MALONE, John E., b. March 22, 1896 d. May, 1966.
MALONE, Mary, b. 1861 d. 1945.
MALONE, Michael, b. Nov. 14, 1810 d. May 22, 1892.
MALONE, Patrick, b. Ferban, Kings Co., Ireland, d. June 19, 1879 aged 72y.
MALONE, Thomas R., b. 1898 d. 1949.

MANIETT, Joseph, d. Jan. 22, 1847, aged 36y.
MANIETT, Mary, daughter
MANIETT, Mary E., d. Jan. 28, 1871, aged 20y.

MARTIN, Barney, b. Jan. 6, 1861 d. Sept. 5, 1937.
MARTIN, E.J., Dr., b. July 1, 1857 d. Sept. 5, 1937.
MARTIN, Ella (Doody), b. 1867 d. 1950.

The Legacy

McCARTHY, Edmond, b. Ariglen, Co. Cork, Ireland, d. 17 Oct. 1902, aged 84y.
McCARTHY, Florence, d. May 22, 1869, aged 65y.
McCARTHY, John, b. 1857 Co. Cork, Ireland, d. June 5, 1922.
McCARTHY, John, d. Dec. 19, 1871, aged 32y. 1m. 10d.
McCARTHY, Mary L., b. 1902 d. 1949.
McCARTHY, Nellie M., b. 1901 d. 1947.
McCARTHY, Nora (Toomey), b. 1868 Co. Kerry, Ireland, d. 1937.
McCARTHY, Owen, b. 1861 Co. Cork, Ireland, d. 1937.
McCARTHY, Sarah, wife of John, d. Feb. 12, 1910, aged 54y.

McCARTY, Alice, (McGee), b. Jan. 5, 1887 d. May 18, 1918.
McCARTY, Anthony J.
McCARTY, Berenice K., b. 1909 d. 2007.
McCARTY, Bridget, b.1865 d. 1953.
McCARTY, Charlotte M., b. 1914.

Saint Patrick's Georgetown

McCARTY, Donald J., b. Dec. 31, 1948 d. Oct. 21, 1986. son of James F. & Bernice Scieszinski McCarty

McCARTY, Eliza, wife/dau. of John, b. Ireland 1816 d. Jan. 12, 1899, 71y.

McCARTY, Henry, b. 1863 d. 1937.

McCARTY, James, b. 1866 d. 1958.

McCARTY, James F., b. 1907 d. 1967.

McCARTY, John, d. Oct. 11, 1862, aged 68y.

McCARTY, Margarette

McCARTY, Mary, wife of Thomas, b. Dec. 2, 1831, d. July 16, 1916.

McCARTY, Mary, b. 1864 d. 1939.

McCARTY, Mary, b. 1867 d. 1946.

McCARTY, Mary C., dau. of Henry & Bridget, d. Nov. 12, 1907 aged 1y. 2m. 15d.

McCARTY, Michael, son of S. & M., b. 1870 d. 1919.

McCARTY, Patrick J.

The Legacy

McCARTY, Stephen, b. Feb. 14, 1871 d. Jan. 1, 1917.
McCARTY, Thomas, b. Jan. 11, 1816 d. Jan. 24, 1894.
McCARTY, Thomas.
McCARTY, Thomas H., b. 1905 d. 1970.

McCONNELL, ?? d. May, 2005.

McCOY, Mrs. Mary, b. October 12, 1852 Monroe Co., Iowa d. St. Louis, Mo.
    November 15, 1920.

McDONALD, Bridget Ellen, beloved dau. of M. & E., d. Nov. 2, 1871,
    aged 4y.4m.
McDONALD, Catherine, b. Oct. 10, 1904 d. 1995.
McDONALD, Edward, b. 1842 d. 1900.
McDONALD, Edward F., b. Jan. 6, 1917, d. July 8, 2009.
McDONALD, Ellen, wife of James, b. Wolf Hill, Co. Queens, Ireland,
    d. Aug. 24, 1879.
McDONALD, Ellen, b. 1847 d. 1927.
McDONALD, James "Father", b. Parish of Clough, Co. Kilkenny, Ireland,
    d. Feb. 15, 1887, aged 76y.
McDONALD, James F., "Son", b. Jan. 17, 1881 d. Oct. 1, 1940.
McDONALD, John, hus. of E., d. Nov. 8, 1876
McDONALD, Patrick, b. Pottsville, Schuylkill Co., Pa. d. May 22, 1885,
    aged 39y.
McDONALD, Walter, b. Oct. 19, 1903 d. May 15, 1977.

MCDONOUGH, Elizabeth, wife of James, b. 1879 d. 1960.
McDONOUGH, James, b. 1875 d. 1926.

McFADDEN, J. A., b. July 2, 1851 Clinton Co., Ia., d. Oct. 27, 1886,
    aged 35y. 3m. 25d.

McGEE, Bridget, wife of James, b. 1841 d. 1912.
McGEE, James, b. 1836 d. 1871.

McGRATH, Annie, dau. of George and Mary E., b. Apr. 26, 1887
    d. Apr. 18, 1893.

Saint Patrick's Georgetown

McGRATH, Catherine, dau. of J. & N., d. Oct. 3, 1871, aged 18d.
McGRATH, George, b. 1861 d. 1906.
McGRATH, John H., b. 1885 d. 1940.
McGRATH, Joseph Edward, b. Feb. 26, 1930, d. Apr. 2, 2010
McGRATH, Leo F., son of Wm. & M. M., b. Sept. 16, 1898 d. Dec. 17, 1898
McGRATH, Margaret M., wife of William, d. Dec. 1, 1898, aged 34y.
McGRATH, Mrs. Mary. d. 1921.
McGRATH, Mary, b. 1866 d. 1948.
MCGRATH, William J., b. 1899 d. 1972.
McGRATH, William T., b. 1861 d.1945.
McGRATH, John P., 1887.

McGUIRK, Catharine, children of L. & C. McGuirk
McGUIRK, Edward, children of L. & C. McGuirk
McGUIRK, Lawrence, children of L. & C. McGuirk
McGUIRK, Lawrence, hus. of C., b. 1859 Iowa d. Feb. 12, 1884, aged 25y.

McKILLIP, James, b. 1855 d. 1913.
McKILLIP, Mary, b. 1860 d. 1934.
McKILLIP, William, hus. of Alice, b. Jan. 18, 1818 Scotland d. March 9, 1874, aged 56y. 1m. 21d.

MARTIN, Dr. E. J., b. July 1, 1857 d. March 25, 1899.

MEAGHER, Eliza, wife of John, b. 1816 Co. Tipperary, Ireland, d. Jan. 18, 1890 aged 74y.

MILLER, Mary Ann, dau. of H. & M. J. d. Nov. 16, 1874, aged 11m. 16 d.
MILLER, William A., son of H. & M. J., d. Aug. 22, 1872, aged 1y. 1m. 3d.

The Legacy

MILLER, William H., son of H. & M. J., d. July 14, 1873, aged 1 y. 1m. 3d.

MILLINER, Frances (Kelleher), b. 1889 d. 1918.

MOLLOY, Annie C., d. Dec. 5, 1873, aged 20y. 14d.
MOLLOY, Catherine, d. May 10, 1863, aged 2y. 6m. Children of R. & M. Molloy.
MOLLOY, John, b. July 3, 1847 Ireland, d. April 27, 1916.
MOLLOY, Margaret, wife of Richard, b. Co. Kilkenny, Ireland d. July 2, 1888
MOLLOY, Richard, b. 1820 Co. Tipperary, Ireland, d. Feb. 5, 1891.

MOLONE, Patrick, b. Ferban, Kings Co., Ireland, d. June 19, 1879, aged 72y.

MORRISON, Bridget, wife of Thomas, d. Feb. 22, 1881, aged 35y.
MORRISON, Michael d. Aug. 27, 1874, aged 76y.
MORRISON, Thomas, son of M. & M., d. Oct. 6, 1870, aged 31y. 6m. 5d.

MORRISSEY, Infant Son of W. T. & H., b. Nov. 6, 1890 d. Nov. 6, 1890.

MULLEN, Catherine J., sister of Mary E. Maniett d. 25 Feb. 1872, aged 29y.
MULLEN, Catherine M., b. Feb. 10, 1867 d. May 27, 1870.

Saint Patrick's Georgetown

Photo by Michael W. Lemberger

MULLEN, Margaret (Maniett), b. Nov. 12, 1863 d. May 12, 1870.
MULLEN, Mary, wife of Patrick, b. Co. Cork, Ireland, d. Oct. 27, 1886
    aged 75y.
MULLEN, Patrick, d. Sept. 14, 1874 aged76y.

MULSTAY, John, d. Mar. 22, 1904 aged 83y.
MULSTAY, Mary, d. Aug. 9, 1893 aged 60 y.

MURPHY, Bessie, b. Co. Cork, Ireland d. April 5, 1889, aged 28y.
MURPHY, Peter, husband of Lavinia M., b. Co. Wexford, Ireland
    d. Oct. 26, 1885 aged 67y.

MURRAY, Bridget, b. 1873 d. 1951.
MURRAY, Catharine, wife of Thomas J., b. Jan. 18, 1825 d. May 21, 1920.
MURRAY, Edward, d. Dec. 20, 1861 aged 24d. Sons of Thomas & Catherine
    Murray
MURRAY, Edward H., b. 1865 d.1953.

The Legacy

MURRAY, James M., son of T. J. & C. d. Oct. 31, 1887, aged 27y. 12d.
MURRAY, Mary E., dau. of P. & M. d. Sept. 3, 1885, aged 1y. 1m. 28d.
MURRAY, Mary Ann, "Concerning Mary Ann", b. 1860 d. 1957.
MURRAY, Martin H., b. 1859 d. 1945.
MURRAY, Patrick H., d. Oct. 12, 1869, aged 1y. 6m. 26d. Sons of Thomas
    & Catherine Murray
MURRAY, Richard, b. Co. Kildare, Ireland d. July 17, 1866, aged 51y.
MURRAY, Thomas J., b. Oct. 18, 1815 d. Dec. 26, 1908

MYDDLETON, Howard F., b. Sept. 15, 1884, d. Nov. 30, 1937 IA PVT 53 Inf.

NAUGHTON, Bridget, wife of James, b. Co. Galway, Ireland d. May 7, 1906, aged 75y.
NAUGHTON, Catherine, b. 1850 d. May 4, 1932.
NAUGHTON, James, b. Co. Galway, Ireland d. Feb. 15, 1907, aged 73y.
NAUGHTON, John, b. 1848 d. 1939.
NAUGHTON, William, born 1864, died Salt Lake City, Utah March 8, 1920.

NAVIN, Ed, d. April 2, 1914, 77y. (WPA has b. 1837)
NAVIN, James Lawrence, b. 1889 d. 1931
NAVIN, John Edward, b. 1884 d. 1964.
NAVIN, John Joseph., d. June 9, 1882, 2m. 22d.

The Legacy

NAVIN, Julia (Brennan), wife of Patrick, b. 1856 d. April 3, 1904.
NAVIN, Elizabeth (Ford), wife of John, b. 1851 d. Aug. 10, 1882, aged 31y.
NAVIN, Martin F., b. Aug. 7, 1895 d. Feb. 28, 1920.
NAVIN, Mary (Mahon), wife of Thomas, b. 1808 Co. Mayo, Ireland. D. Nov. 22, 1890, aged 82y.
NAVIN, Patrick, b. July 1841 d. June 24, 1916.
NAVIN, Thomas S., b. Sept. 1807 Co. Mayo, Ireland, d. June 10, 1882

NICHOLSON, Barney, d. May 22, 1925 aged 82y.
NICHOLSON, Bridget, b. Dec. 20, 1818 d. Nov. 26, 1888.
NICHOLSON, James, b. July 7, 1852 d. April 15, 1883.
NICHOLSON, Margaret Ann, b. Nov. 8, 1864 d. July 24, 1882.
NICHOLSON, Martin, b. Nov. 8, 1847 d. Aug. 2, 1917, aged 70y. 9m. 24d.
NICHOLSON, Mary, b. Aug. 8, 1854 d.July 10, 1888.
NICHOLSON, Susan, wife of Martin, b. Oct. 15, 1857 d. Sept. 14, 1930.

Saint Patrick's Georgetown

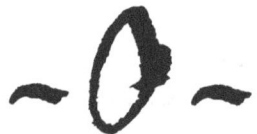

O'BERTO, James, b. 1875 Italy, d. May 4, 1917.

O'BRIEN, Bridget, b. 1845 d. 1945.
O'BRIEN, Catherine Phelomina (Coady), b. Aug. 18, 1877, d. Nov. 5, 1954.
O'BRIEN, Ellen, wife of Patrick, b. May 25, 1825 Co. Kerry, Ireland,
    d. Jan. 24, 1903 Georgetown.
O'BRIEN, Helen, b. 1923.
O'BRIEN, J. C., b. 1851 d. 1937.
O'BRIEN, J. Vincent, b. 1911 d. 1996
O'BRIEN, James, d. Aug. 9, 1870, aged 2m. 19d. Children of James
    & Mary O'Brien.
O'BRIEN, James Joseph, b. Oct. 1, 1868, d. June 27, 1954.
O'BRIEN, James, b. May 1, 1828 d. July 15, 1907, aged 79y.
O'BRIEN, John C., b. Jan 1, 1851 d. Mar. 2, 1936.
O'BRIEN (?), M. Devine, b. Parish of Dingle, Kerry Co., Ireland d.
    Sept. 1888, aged 70y.
O'BRIEN (?), Mary/Margaret (?), b. Jan. 17, 1833 d.Sept. 10, 1904.
O'BRIEN, Mary, wife of Thomas, b. Gurafin, Co. Clare, Ireland,
    d. May 18, 1856, aged 29y.
O'BRIEN, Mary, dau. of P. & C. O'Brien, b. Dec. 5, 1875 d. July 9, 1876.
O'BRIEN, Mary, b. Feb. 18, 1904, d. April, 1904 [Unmarked grave]
O'BRIEN, Mary Ann (Fitzpatrick), b. April 10, 1842 d. Jan. 29, 1892, 50y.
O'BRIEN, Patrick, hus. of Ellen, b. Parish of Dingel, Co. Kerry, Ireland
    d. July 22, 1887, age 83, Georgetown, Monroe Co.
O'BRIEN, Thomas, b. Gurafin, Co. Clare, Ireland, d. April 19, 1856,
    aged 32y.
O'BRIEN, Thomas, b. Co. Tipperary, Ireland, d. Oct. 24, 1870, aged
    13y. 6m. 3d. Children of James & Mary O'Brien.
O'BRIEN, Thomas F., b. 1844 d. 1939.

The Legacy

O'BRYAN, D. W., d. Nov. 20, 1883.
O'BRYAN, Edward, b. 1824 Miltown Parish, Co. Kilkenny, Ireland,
    d. Aug. 29, 1879 near Staceyville, Ia. aged 54y.
O'BRYAN, Ella J., dau. of Edward & Mary, b. Jan. 27, 1858 d. Sept. 12,
    1878 Staceyville.
O'BRYAN, Susanna F., b. Apr. 12, 1872 d. May 20, 1938.
O'BRYAN, W.W., b. Jan 11, 1855 d. Nov. 1, 1917.

O'CONNOR, Agnes C., b. 1885 d. 1954.
O'CONNOR, Catherine, wife of John B., b. 1828 d. 1907.
O'CONNOR, Catherine, wife of Murty, b. Kilmurry, Co. Clare, Ireland,
    d. Nov. 20, 1895 aged 78y.
O'CONNOR, Catherine, dau. of Elizabeth & Peter, b. 1891 d. 1972
O'CONNOR, Charles, son of J. Charles & Ellen, d. Aug. 16, 1871, 10y.
O'CONNOR, Charles, son of John & Ellen, d. Aug. 16, 1877, 10y.
O'CONNOR, Charles, b. 1878 d. 1914.
O'CONNOR, Dennis, b. 1884 d. 1911.
O'CONNOR, Elizabeth, b. 1864 d. 1914.
O'CONNOR, George, (son of Elizabeth & Peter), b. 1899 d. 1961.
O'CONNOR, Hanorah, wife of Michael, b. Co. Clare, Ireland d.
    Jan.18, 1898 aged 75y.
O'CONNOR, James Charles, son of J. Charles & Ellen, d. Aug. 20, 1871
    aged 18y.

Saint Patrick's Georgetown

O'CONNOR, James, b. 1846 d. 1937.
O'CONNOR, John, b. March 25, 1851 d. July 18, 1908.
O'CONNOR, John B., b. May 24, 1822 Co. Kerry, Ireland, d. June 23, 1911.
O'CONNOR, John M., son of Thomas & Hannah, b. Sept. 18, 1888 d. Aug. 7, 1892.
O'CONNOR, Kate, b. 1859 d. 1951.
O'CONNOR, Margaret E., b. 1872 d. 1896.
O'CONNOR, Mary, wife of M., b. Co. Clare, Ireland d. Feb. 6, 1879, 86y.
O'CONNOR, Mary, b. 1851 d. 1892.
O'CONNOR, Mary, wife of M., b. Co. Clare, Ireland d. Feb. 6, 1879, 86y.
O'CONNOR, Mary, dau. of Michael, b. Oct. 7, 1860 Wapello Co., Ia., d. July 18, 1893, aged 32y. 9m. 11d, at Colorado Springs, Colo.
O'CONNOR, Michael, son of Murty and Catherine, b. Sept. 29, 1820 Kilmurry, Co. Clare, Ireland d. May 18, 1871 Granada, Miss., aged 27y.
O'CONNOR, Michael, b. Sept. 29, 1820 Co. Clare, Ireland, d. March 20, 1905, aged 84y. 5m. 20d..
O'CONNOR, Michael, b. 1859 d. 1936.
O'CONNOR, Murty, husband of Catherine, b. Kilmurry, Co. Clare, Ireland, d. Apr. 27, 1856 Rochester N.Y. aged 40y.
O'CONNOR, Nellie, dau. of Thomas & Hannah, d. July 12, 1879, aged 8m. 12d.
O'CONNOR, Peter, b. 1854 d. 1951.

The Legacy

O'DONNELL, Catherine, d. July 1868 aged 67y.

O'HERE, Bridget, dau. of Daniel & Mary, d. Oct. 5, 1878 aged 1y. 6m. 21d.

O'HORO, Thomas Jr., Son of Thomas Sr., b. May 10, 1873 d. Oct. 21, 1932.
O'HORO, Thomas Sr., b. Jan. 31, 1841 d. May 10, 1874.

O'LEARY, Humphrey, husband of Mary, b. Dinmanway, Co. Cork, Ireland, d. April 21, 1887, aged 60y.
O'LEARY, Mary, wife of H., b. 1826 Co. Galway, Ireland, d. Aug. 9, 1913.

O'NEIL, Anna M., b. 1907 d. 1965.
O'NEIL, Annie, dau. of Daniel & Mary, b. Apr. 12, 1875 d. June 5, 1878.
O'NEIL, Bridget Ann, b. Apr. 22, 1863 d. May 20, 1933.
O'NEIL, Catherine, wife of Patrick, d. Feb. 6, 1882, aged 25y. 11m. 12d.
O'NEIL, Daniel, b. 1837 d. March 20, 1917 Co. K, 36th IA Inf. [Civil War]
O'NEIL, Mrs. Daniel, died November 1920.
O'NEIL, Daniel Thomas, b. Aug. 17, 1912 d. Feb. 3, 1965. IA PFC Harbor Crafts DET TC WWII.
O'NEIL, Gertrude E., b. 1888 d. 1958.
O'NEIL, James, b. 1885 d. 1946
O'NEIL, James J., b. April 19, 1855 d. Jan. 18, 1938.
O'NEIL, James P., b. March 5, 1890 d. Jan. 6, 1911
O'NEIL, John, b. Co. Kerry, Ireland, d. May 18, 1898, aged 101 y.
O'NEIL, John J., b. July 25, 1888 d. May 4, 1938 aged 49y. 9m. 9d.
O'NEIL, Martha, b. 1886 d. 1939.
O'NEIL, Mary, wife of John, d. Dec. 9, 1891 aged 84y.
O'NEIL, Mike J.
O'NEIL, Patrick F., b. March 17, 1809 Co. Kerry, Ireland, d. Sept. 5, 1894, aged 85y.
O'NEIL, Thomas J., b. 1867 d. 1943.

O'NEILL, Anita, d. 2007.
O'NEILL, Bernice, b. 1918 d. 1995.
O'NEILL, Cecelia L., wife of Michael, b. 1900 d. 1982.
O'NEILL, Sr. Mary St. Jude, b. 1913 d. 1984.

Saint Patrick's Georgetown

O'NEILL, Michael F., husband of Cecelia, b. 1897 d. 1982.
O'NEILL, Rita, b. 1925 d. 1999.
O'NEILL, Teresa M., b. 1924 d. 1990.

O'SULLIVAN, Michael, b. May 15, 1812 Dungary, Co. Cork, Ireland,
   d. 21 July 1875, aged 63y. 2m. 6d.

The Legacy

PATRIDGE, Edward, d. Sept. 1, 1892, aged 68y.

PHENEY, Bridget, wife of James, d. Feb. 12, 1866 aged abt. 30y.

PICKERELL, Steven, son of Ralph & Paula, b. March 26, 1857
    d. Jan. 21, 1959.

PYLE, Clara Cecelia, dau. of Raymond & Gerarda, b. April 3, 1927
    d. June 22, 1931.
PYLE, Gerada, b. 1903 d. 1971.
PYLE, Raymond, b. 1900 d. 1980.

Saint Patrick's Georgetown

Photo by Michael W. Lemberger

QUINN, Child of J. & M. (Jeremiah & Mary)
QUINN, Jeremiah, d. June 26, 1870, aged 53y.
QUINN, Mary, wife of J. d. Dec. 18, 1873, aged 57y.
QUINN, N., father of Thomas, d. Jan. 24, 1887, aged 70y.
QUINN, Mary, wife of N., mother of Thomas, d. Mar. 4, 1888, aged 75y.
QUINN, Patrick, b. Mar. 22, 1827 Co. Armaugh, Ireland, d. Aug. 19, 1913.
QUINN, Catherine, wife of Patrick, b. 1829 d. 1920.
QUINN, Terence, b. 1823, d. 1892.
QUINN, Thomas

The Legacy

RALPH, Patrick F., son of M. & K., d. June 9, 1894 aged 10y. 3m. 13d.

RAVERRA, Joe, b. 1881 d. 1926.

REBECK, Alfred, b. 1867 d. 1937.
REBECK, Mary, b. 1864 d. 1948 (Melrose "Hat Lady")

REYLY, Margaretta, d. Apr. 5, 1871 aged 60y.

REYNOLDS, Michael, d. April 23, 1881, aged 61y. 4m.
REYNOLDS, Nora,, d. Jan. 25, 1900 aged 58y.

RICHARDS, Elizabeth, b. 1807 France, d. 1860 Georgetown, aged 53y.

RICHMOND, John, b. 1873 d. 1946.

RIORDAN, Hanora, wife of S,. d. Aug. 16, 1873, aged 67y. 3m. 2d.

ROAN, Anna, b. Jan 23, 1870, d. Apr. 8, 1907.
ROAN, E. P., b. 1867 d. 1928.
ROAN, John P., son of James & Anna, d. Nov. 23, 1907, aged 2y. 8m.
ROAN, Katie, b. 1901 d. 1907.
ROAN, Margaret, b. 1902 d. 1945.
ROAN, Mary, b. 1892 d. 1895.
ROAN, Mary, wife of Patrick, d. Aug. 2, 1910, aged 84y.
ROAN, Patrick, d. April 15, 1910, aged 81y.
ROAN, Patrick, b. 1895 d. 1966 IA PFC US Army, WWI.

Graves of Father Patrick J. Gleason and Father Denis Ryan

The Legacy

RONEY, Maggie.

ROONEY, Catherine, b. 1859 d. 1898.
ROONEY, Mary Ann, b. 1859 d. 1931.
ROONEY, Peter, b. 1853 d. 1930.

RYAN, Anastatia, dau. of M. & C., d. Sept. 20, 1853, aged 9y.
RYAN, Catharine, wife of Mathew, d. Aug. 2, 1877, aged 62y.
RYAN, Catherine, wife of Joe.
RYAN, Daniel T., b. 1955 d. 1978.
RYAN, Rev. Dennis, Pastor St. Patrick's Church, Staceyville, b. Templemore, Co. Tipperary, Ireland d. Dec. 13, 1881, aged 38y.
RYAN, Elizabeth A., dau. of Joseph & Catherine, d. July 23, 1947.
RYAN, Ellen A., b. 1881 d. 1960.
RYAN, Frank J., b. Aug. 17, 1914 d. Dec. 27, 1986.
RYAN, Frank X., b. Nov. 10, 1934 d. 2005.
RYAN, John, husband of Ann, d. June 7, 1882, aged 38y.
RYAN, John, b. 1876, d. 1961.
RYAN, Margaret, b. 1877 d. 1917.
RYAN, Mathew b. 1875 d. 1947.
RYAN, Mathew, b. Clonounty, Co. Tipperary, Ireland d. April 9, 1858, aged 53y.
RYAN, Michael W., b. Apr. 16, 1917 d. Aug. 12, 1945 Iowa PFC 149 Inf. WWII.
RYAN, Joe.

Photo by Michael W. Lemberger

Statue of Padre Pio in St. Patrick's Georgetown Cemetery

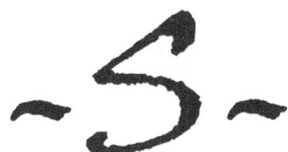

SCHMITZ, James, b. 1940.
SCHMITZ, John A., b. 1900 d. 1945.
SCHMITZ, John J., b. 1930.
SCHMITZ, Mary C., b. 1901 d.1980.
SCHMITZ, Pat, b. 1932.

SCULLY, Ellen, dau. of J. & J., b. Monroe County, Iowa d. Sept. 6, 1881, aged 18y.
SCULLY, Ellen, wife of James, b. Dec. 17, 1837 d. Jan. 22, 1916.
SCULLY, Ellen, wife of Wm., b. Dec. 17, 1837 d. Jan. 22, 1916.
SCULLY, James, b. 1846 d. 1937.
SCULLY, John, b. Co. Limerick, Ireland, d. Aug. 11, 1888 aged 72y.
SCULLY, John, b. 1859 d. 1943.
SCULLY, Margaret, dau. of John S. & Johanna, d. Feb. 28, 1872, aged 19y.
SCULLY, Mary Ann, dau. of J. & J., b. Frankford, Mo., d. Aug. 27, 1883, aged 25y.
SCULLY, Michael, son of J. & J., d. May 22, 1880, aged 21y.
SCULLY, William, b. Nov. 26, 1826 d. Nov. 28, 1898.

SHANNON, Annie, b. 1861 d. 1948.
SHANNON, Peter, b. 1854 d. 1925.

SHEEDY, Michael, d. Dec. 5, 1872, aged 14y. 8m. 20d.
SHEEDY, Patrick, d. June 14, 1890, aged 77y.
SHEEDY, Willie, d. Feb. 27, 1867, aged 8m. 27d.
SHEEDY, William, d. Feb. 27, 1865, son of P. & C.

SHEEHAN, Cornelius, son of C. & E., b. Sept. 24, 1852 d. Dec. 13, 1860.

Saint Patrick's Georgetown

SHEEHAN, William Isadore, son of C. & E., d. Dec. 26, 1871 aged 13y. 9m.

SHEHAN, Alex M., b. 1883 d. 1961.
SHEHAN, Anna M., b. 1915.
SHEHAN, Daniel, husband of H., d. Oct. 28, 1890, aged 61y.
SHEHAN, Hannorah, wife of D., d. July 14, 1898, aged 59y.
SHEHAN, John F., b. 1860 d. 1932.
SHEHAN, Martha, b. 1856, d. 1933.
SHEHAN, Mary A., b. 1888 d. 1980.
SHEHAN, Paul W., b. 1828 d. 1930

SHERRY. Robert, son of C. W. & N., d. Feb. 28, 1879, aged 2y. 1m. 23d.

SHEVLIN, John, b. May 15, 1848 d. Feb. 24, 1915.

SHOVLAIN, Thomas, son of J. & B., d. Oct. 25, 1888, aged 28y. 3m. 21d.

Photo by Michael W. Lemberger

The Legacy

SILVERIO, Margaret L., b. 1931.
SILVERIO, Paul, b. 1919.

SINNOTT, Alice (O'Brien), b. Nov. 7, 1907 d. Aug. 4, 1991.
SINNOTT, Anna A., d. Oct. 1876, aged 2y. 6m.
SINNOTT, Bernard, b. May 7, 1935 d. 1948.
SINNOTT, Bernie, b. 1959 d. 2005.
SINNOTT, Bill, b. 1908 d. 1996.
SINNOTT, C. Lucille, b. 1867 d. 1963.
SINNOTT, Catherine, wife of James, d. July 16, 1905, aged 73y.
SINNOTT, Cheryl Ann, Aug. 20, 1956
SINNOTT, Edna T., b. 1901 d. 1999.
SINNOTT, Ellen, b. 1900 d. 1987.
SINNOTT, Ellen Edmunda (Judge), b. Nov. 3, 1907 d. 2001.
SINNOTT, Francis R., b. 1896, d. 1975.

Saint Patrick's Georgetown

SINNOTT, Frank J., b. 1867 d. 1951.
SINNOTT, Hubert J., b. 1898 d. 1970.
SINNOTT, Infant Son of John F. & Jan, d. Aug. 20, 1956
SINNOTT, James, b. Co. Wexford, Ireland, d. Sept. 12, 1900, aged 72y.
SINNOTT, James T., b. 1899 d. 1973.
SINNOTT, Jan E., b. 1939.
SINNOTT, John, d. Aug. 1865, aged 6y.
SINNOTT, John F., b. 1933 d. 1991.
SINNOTT, Joseph M., b. 1913 d. 1988.
SINNOTT, Kathleen, b. 1933 d. 2003.
SINNOTT, Katie, b. 1909 d. 1991.
SINNOTT, Leo, b. 1897 d. 1998.
SINNOTT, Margaret, dau. of J. & C., d. Jan. 1, 1907.
SINNOTT, Mary, wife of Wm., b. 1871 d. 1964.
SINNOTT, Mary F., d. March 11, 1920, aged 65y.
SINNOTT, Mildred M., b. 1915 d. 1993.
SINNOTT, Mogan, b. 1869 d. 1953.
SINNOTT, Richard M., b. 1932 d. 1933.
SINNOTT, Robert, b. 1941 d. 1941.
SINNOTT, Stephen B., b. 1901 d. 1993.
SINNOTT, William, b. 1865 d. 1918.
SINNOTT, William J., son of W. A.. & C. R., b. July 30, 1937 d. Aug. 2, 1937.
SINNOTT, Winifred, b. 1901 d. 1999.

SMITH, Mary (Starbuck), b. 1904 d. 2002.
SMITH, Sally, b. 1933.

SMITHBERG, Anne V. O'Neill, b. 1916 d. 1971.

SPORINSKY, Anna, dau. of J. & A., died ( ) 24, 1902, aged 6m.
SPORINSKY, John, d. Sept. 18, 1902, aged 26y.

STARBUCK, Catherine T., b. 1904 d. 1993.
STARBUCK, John C., b. 1906 d. 1961.
STARBUCK, Julia, b. Apr. 2, 1885 d. Oct. 19, 1951.
STARBUCK, Orland, b. Mar. 28, 1879 d. Apr. 14, 1918.

The Legacy

Saint Patrick's Georgetown

STEGEMAN, Helena, b. 1871 d. 1948.
STEGEMAN, William T. B. 1868 d. 1935.

STONE, Catherine, wife of J., b. June 4, 1842 d. Nov. 27, 1900.
STONE, Eliza, b. 1845 d. 1920.
STONE, Florence, dau. of C. & J., b. Aug. 19, 1889 d. Sept. 5, 1889.
STONE, George, b. 1844 d. 1909

SULLIVAN, Bridget, b. 1838 d. 1917.
SULLIVAN, Catherine, b. 1873 d. Feb. 11, 1934.
SULLIVAN, Charles, son of M. D. & E., b. Oct. 24, 1867 d. Sept. 22, 1873.
SULLIVAN, Eliza, wife of M. D., b. May 15, 1840 d. Oct. 1, 1870.
SULLIVAN, James E., d. July 13, 1904, aged 49y.
SULLIVAN, Martin, b. 1831 d. 1908.
SULLIVAN, Theresa, wife of John A., b. 1862 d. 1943
SULLIVAN, Theresa A., b. 1893 d. 1951.

SUMPTER, Boyd, b. 1912 d. 1993.

The Legacy

Photo by Michael W. Lemberger

TIERNEY, David, b. Darullens, Co. Tipperary, Ireland, d. Dec. 29, 1860, aged 34y.
TIERNEY, Patrick, b. Darullens, Co. Tipperary, Ireland, d. Aug. 20, 1871, aged 72y.

TRAVIS, Elizabeth, dau. of J. & B., d. Nov. 19, 1897, aged 3y. 6m. 19d.

TROLLAN, Bridget Agnes, b. 1872 d. 1932.
TROLLAN, James John, b. 1862 d. 1923.

TULLY, Edward, d. March 25, 1883, aged 70y.
TULLY, Susan, wife of Edward, no dates

The Legacy

~ U ~

(No names beginning with "U" are recorded)

Saint Patrick's Georgetown

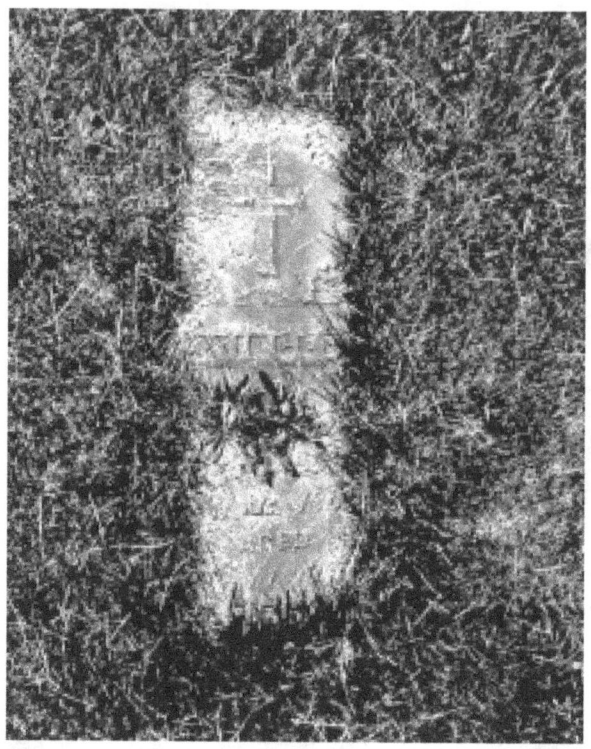

VONDON, John, native of Co. Limerick, Ireland d. May 13, 1875, aged 66y.

The Legacy

-W-

WALLACE, Ann Jane, dau. of R. & M. d. Apr. 29, 1862 aged 2y. 6m.
WALLACE, Margaret, dau. of R. & M., d. Feb. 7, 1869
WALLACE, Robert, b. Ireland, d. Oct. 21, 1871, aged 46y.

WALSH, Alice, wife of William, d. Oct. 12, 1878, aged 47y.
WALSH, Edward P., b. May 23, 1920, d. Nov. 8, 2008.
WALSH, Kathryn, b. 1886 d. 1970.
WALSH, Mathew J., b. 1870 d. 1945.
WALSH, William, b. May 10, 1830 Co. Waterford, Ireland, d. July 15, 1888.
WARD, James, b. March 10, 1829 d. March 11, 1913.
WARD, James E., son of J. P. & R. A., d. June 15, 1891, aged 32y. 5m. 4d.
WARD, Rosanna, wife of James, b. Eastown, Co. Kildare, Ireland, d. March 3, 1874, aged 42y.

WELCH, Michael, b. Co. Cork, Ireland, d. Apr. 27, 1879, aged 50y.

WHALEN, Thomas, husband of Sarah A., d. Apr. 21, 1875, aged 37y.

WINSLOW, Agnes, b. 1869.
WINSLOW, Daniel, "Father" (no dates)

Saint Patrick's Georgetown

The Legacy

WINSLOW, Eliza, "Mother" (no dates)
WINSLOW, Frank, b. 1864 d. 1954.
WINSLOW, Pete Daniel, b. 1866 d. Feb. 2, 1938.

WOLF, Edward, died Aug. 18, 1892 aged 8m.
WOLF, Joseph, son of D. & S., d. Jan. 15, 1891 aged 1y. 4m. 15d.

WOLFARD, Ellan, d. April 8, 1866, aged 31y. 8m. 1d.
WOLFARD, Emma E., d. Jan. 21, 1881, aged 32y. 6m.
WOLFARD, Dr. H. L., d. Sept. 21, 1871, aged 63y. 8m. 11 d.

Photo by Michael W. Lemberger

Saint Patrick's Georgetown

- X -

(No names beginning with X are recorded)

The Legacy

~Y~

(No names beginning with Y are recorded)

Photo by Michael W. Lemberger

Saint Patrick's Georgetown

Photo by Michael W. Lemberger

(No names beginning with Z are recorded)

The Legacy

Photo by Michael W. Lemberger

Saint Patrick's Georgetown

Photo by Michael W. Lemberger

Photo by Michael W. Lemberger

Updates and Corrections

Updates and Corrections

Updates and Corrections

Updated information and corrections will be posted
on
the publisher's website
www.pbllimited.com

and included in future editions of this book.

Please send updates and corrections to
pbl@pbllimited.com

About the Authors

Michael W. Lemberger is a professional photographer, artist, historian, and teacher. He is the author of *Focus on Photos,* a book about how to take better photographs with any camera, and *St. Louis World's Fair 1904*, the only book about the Lousiana Purchase Exposition to include original color images. He has also written two photographic histories of his hometown, Ottumwa, Iowa.

As a newspaper photographer, he won more than 100 national, regional, and state awards for excellence in photography. As an artist, he creates intricate pen and ink drawings. His collection of historic photographs has been called the most extensive and best-documented privately-held photo collection in the world.

His website is **www.mlemberger.com.**

Leigh Michaels is the award-winning author of 100 books, including 80 contemporary romance novels, several historical romance novels, and non-fiction books including *On Writing Romance* and local-interest histories.

She teaches writing online at Gotham Writers' Workshop (www.writingclasses.com) and edits and evaluates manuscripts.

Her website is **www.leighmichaels.com.**

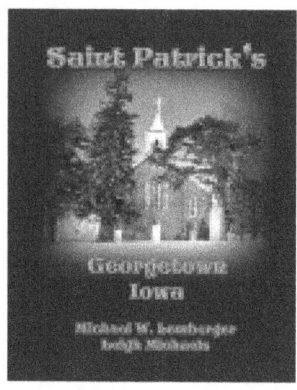

Saint Patrick's Georgetown

the complete history of church and school --
172-page history of St. Patrick's Church
includes a complete listing and photos
of all graduates of
St. Patrick's School.
Includes more than 250 photographs of the church,
grounds, parishioners, special events,
and memorable occasions.

Memorabilia

Special merchandise featuring
St. Patrick's Georgetown --
from mugs and coaster tiles
to mousepad images of the
graduating classes
of St. Patrick's School.

St. Patrick's Calendars

12-month calendars featuring
color photographs and historic photos
of St. Patrick's Georgetown

Contact PBL Limited at
P.O. Box 935, Ottumwa Iowa 52501-0935

Visit www.pbllimited.com
for a link to order books, calendars and memorabilia.

PBL Limited
is a commercial publisher
of niche-market and
local history books and calendars.
To order or read excerpts, visit
www.pbllimited.com

PBL Limited
P.O. Box 935
Ottumwa, Iowa 52501-0935

www.ingramcontent.com/pod-product-compliance
Lightning Source LLC
Chambersburg PA
CBHW080252170426
43192CB00014BA/2650